ÍNDICE

Capítulo 1: **El Liderazgo en la Era Digital**

1.1 Definiendo el Liderazgo

1.2 Características del Líder Digital

- Adaptabilidad
- Visión
- Colaboración

Capítulo 2: **Tecnología para el Desarrollo Personal**
2.1 Aplicaciones de Aprendizaje
2.2 Redes Sociales y Networking
2.3 Herramientas de Productividad

Capítulo 3: **Educación y Aprendizaje**
3.1 Educación a Distancia
3.2 Aprendizaje a lo Largo de la Vida
3.3 Plataformas de Colaboración

Capítulo 4: Finanzas y Economía en la Era Digital

4.1 Educación Financiera
4.2 Inversiones en Línea
4.3 Criptomonedas y Nuevas Oportunidades

Capítulo 5: Salud y Bienestar
5.1 Tecnología para el Bienestar
5.2 Fitness y Salud

Capítulo 6: Coaching y Mentoring Digital
6.1 El Poder del Coaching en Línea
6.2 Mentoring Virtual

Capítulo 7: Estrategias para el Futuro
7.1 Innovación Continua
7.2 La Importancia de la Diversidad

Capítulo 8: Inteligencia Emocional Digital.

8.1. El Nuevo Rostro de la Inteligencia Emocional
8.2. Empatía Virtual: La Clave para Liderar a Distancia

8.3. Comunicación Clara y Empática
8.4. Gestión de Conflictos en Equipos Remotos
8.5. Construyendo Relaciones Digitales Duraderas
8.6. Casos de Éxito: Liderando con Inteligencia Emocional Digital

Introducción

"Liderazgo en la Era Digital"

El liderazgo, como lo conocemos, ha evolucionado profundamente en las últimas décadas. En un mundo impulsado por la tecnología y la conectividad global, las reglas del liderazgo se han transformado para adaptarse a las nuevas demandas de la era digital. Ya no se trata únicamente de dirigir equipos o alcanzar metas organizacionales; el liderazgo contemporáneo implica inspirar, conectar y gestionar en un entorno cada vez más complejo, donde lo físico y lo virtual convergen.

La era digital nos enfrenta a desafíos y oportunidades sin precedentes. La automatización, la inteligencia artificial y las plataformas digitales no solo han reconfigurado nuestras formas de trabajar, aprender y comunicarnos, sino que también han planteado preguntas fundamentales sobre cómo liderar en un entorno tan dinámico. ¿Cómo podemos motivar a equipos remotos? ¿De qué manera aseguramos la inclusión en plataformas virtuales? ¿Qué papel juega la empatía en un mundo donde muchas interacciones ocurren a través de una pantalla?

Este libro busca responder a estas preguntas y servir como una guía práctica para quienes desean liderar con éxito en este nuevo contexto. Desde desarrollar habilidades técnicas hasta profundizar en competencias humanas esenciales como la empatía y la inteligencia emocional, exploraremos cómo los líderes pueden sobresalir en un entorno que está en constante cambio.

Además de las competencias tradicionales, el liderazgo en la era digital requiere un dominio consciente de las herramientas tecnológicas, combinado con un enfoque estratégico en aspectos humanos como la colaboración, la innovación y el bienestar. La inteligencia emocional digital, por ejemplo, se ha convertido en una habilidad crucial para liderar equipos diversos y remotos. La capacidad de comprender y gestionar emociones, fomentar conexiones auténticas y resolver conflictos en entornos virtuales son ahora requisitos esenciales para cualquier líder que desee prosperar en la actualidad.

En los capítulos que siguen, exploraremos temas clave como la educación a lo largo de la vida, la inclusión financiera a través de la tecnología, la salud y el bienestar digital, y las estrategias para fomentar la innovación y la diversidad. Cada sección está diseñada para ofrecer tanto reflexiones profundas como herramientas prácticas que te permitan convertirte en un líder adaptable, visionario y colaborativo.

En este viaje, descubrirás que el liderazgo en la era digital no solo se trata de gestionar herramientas o plataformas, sino de liderar con propósito en un mundo que exige equilibrio entre lo humano y lo tecnológico. Este libro te invita a adoptar el cambio, a abrazar la tecnología como aliada y, sobre todo, a liderar con empatía y visión hacia un futuro lleno de posibilidades.

Bienvenido a una nueva era de liderazgo. El futuro está en tus manos.

Capítulo 1: **El Liderazgo en la Era Digital**

1.1 Definiendo el Liderazgo en la Nueva Era

El liderazgo ha sido, a lo largo de la historia, el motor que impulsa a las sociedades, las organizaciones y los individuos hacia el progreso. Sin embargo, en la era digital, el concepto de liderazgo ha evolucionado profundamente. En este nuevo entorno, caracterizado por la conectividad global, la transformación tecnológica constante y la incertidumbre, ser líder implica mucho más que ocupar una posición de poder o autoridad.

Hoy, el liderazgo se define por la capacidad de **inspirar, guiar y empoderar** a los demás, aprovechando la tecnología como una herramienta para maximizar el impacto. Un líder digital no se limita a dirigir; **conecta a personas, datos y tecnología** para crear valor y generar cambios significativos.

"En la actualidad, es inconcebible imaginar a un líder que no mantenga una sólida presencia en redes sociales, un espacio donde la mayoría de las personas interactúan y acceden a información. En este contexto, surge una pregunta clave: ¿estás realmente preparado para liderar en un mundo tan conectado?"

Por tanto, debes saber qué.

El liderazgo en la era digital es:

- **Participativo:** Los líderes ya no son figuras distantes; ahora, participan activamente en las dinámicas de sus equipos.

- **Empático:** Comprender las necesidades humanas y emocionales es tan importante como alcanzar los objetivos técnicos o financieros.

- **Innovador:** No se conforma con lo establecido, sino que busca constantemente nuevas maneras de mejorar y evolucionar.

Un líder efectivo no solo dirige hacia metas claras, sino que también actúa como un facilitador de cambios en un entorno donde la adaptabilidad y la resiliencia son fundamentales.

¿Por qué es tan importante redefinir el liderazgo?

La transformación digital ha alterado las reglas del juego en todos los sectores. Las organizaciones enfrentan desafíos inéditos: competencia global, disrupción tecnológica, automatización de procesos, y expectativas de consumidores cada vez más exigentes. En este contexto, el éxito depende de líderes que puedan:

1. **Adaptarse rápidamente** a nuevas circunstancias.

2. **Motivar equipos diversos** en entornos híbridos o completamente virtuales.

3. **Fomentar una cultura de innovación** que permita responder ágilmente a los cambios del mercado.

1.-Las Características Clave del Líder Digital

Ser un líder digital no significa simplemente tener conocimientos técnicos. Se requiere un conjunto equilibrado de habilidades humanas, visión estratégica y competencia tecnológica. A continuación, exploramos las características esenciales de un líder en la era digital:

1.2 Adaptabilidad: Liderar el Cambio en Tiempo Real.

La adaptabilidad es la capacidad de ajustarse rápidamente a los cambios del entorno, ya sean tecnológicos, económicos o sociales. En un mundo donde las innovaciones tecnológicas surgen a un ritmo vertiginoso, los líderes deben **anticiparse a las tendencias** y actuar con agilidad.

Un líder adaptativo es:

- Proactivo en lugar de reactivo.
- Capaz de **navegar la incertidumbre** con confianza y flexibilidad.
- Dispuesto a **aprender y desaprender** para mantenerse relevante.

"El cambio no es una amenaza, sino una oportunidad para crecer y evolucionar."

Ejemplo práctico:

Durante la pandemia, muchas empresas tuvieron que emigrar al trabajo remoto de manera abrupta. Los líderes que se adaptaron rápidamente implementaron herramientas de colaboración digital y desarrollaron nuevas estrategias para mantener la productividad y la cohesión del equipo.

2. Visión: Crear el Futuro a Través de la Innovación

Un líder digital debe tener una visión clara del futuro y la capacidad de comunicarla de manera que inspire y motive a su equipo. La visión es el faro que guía las decisiones estratégicas y alinea los esfuerzos hacia un propósito común.

Un líder visionario:

- **Visualiza oportunidades** donde otros ven problemas.
- Establece **metas audaces pero alcanzables**.
- **Comunica su visión** de forma clara, inspirando a su equipo a compartirla y trabajar para alcanzarla.
-

"Un líder sin visión es un viajero sin mapa; puede avanzar, pero no sabe hacia dónde."

Ejemplo práctico:
Elon Musk, fundador de Tesla y SpaceX, es un ejemplo de un líder visionario que ha desafiado industrias enteras con su enfoque en la sostenibilidad y la exploración espacial.

3. Colaboración: Construir Equipos Fuertes y Conectados

En la era digital, el trabajo colaborativo es esencial. Los equipos ya no trabajan en silos; están interconectados a través de plataformas digitales que permiten una comunicación y cooperación constantes. Un líder efectivo debe fomentar una **cultura de colaboración**, tanto dentro de su equipo como con otras áreas de la organización.

Un líder colaborativo:

- **Empodera a los miembros del equipo**, delegando responsabilidades y promoviendo la toma de decisiones compartida.
- Utiliza herramientas digitales como Slack, Microsoft Teams o Trello para **facilitar la comunicación** y el seguimiento de proyectos.
- Fomenta un entorno de **diversidad e inclusión**, donde todas las voces son escuchadas y valoradas.

"La colaboración no se trata de trabajar juntos, sino de lograr más juntos de lo que sería posible individualmente."

Ejemplo práctico:
Un líder de proyecto en una multinacional coordina equipos ubicados en distintos países utilizando herramientas como Asana para gestionar tareas y Zoom para reuniones semanales, asegurando que todos estén alineados y motivados.

4. Inteligencia Emocional: El Corazón del Liderazgo Efectivo

En un mundo digitalizado, donde gran parte de la interacción es virtual, la **inteligencia emocional** es más importante que nunca. Un líder con inteligencia emocional comprende y gestiona sus propias emociones, al tiempo que **reconoce y responde a las emociones de los demás**.

Las competencias clave de la inteligencia emocional incluyen:

- **Autoconciencia:** Conocer y entender las propias emociones y cómo estas afectan el liderazgo.

- **Empatía:** Comprender las emociones y perspectivas de los demás para crear conexiones significativas.

- **Gestión de relaciones:** Construir y mantener relaciones sólidas basadas en la confianza y el respeto mutuo.

"Los líderes con inteligencia emocional no solo gestionan proyectos; gestionan personas, y las personas son el activo más valioso de cualquier organización."

Ejemplo práctico:

Un líder que, ante una crisis, prioriza el bienestar emocional de su equipo, ofreciendo apoyo y flexibilidad, genera confianza y compromiso a largo plazo.

Conclusión del Capítulo 1

El liderazgo en la era digital no es estático; es un proceso de **evolución constante** que requiere una combinación de habilidades humanas y competencias tecnológicas. Adaptabilidad, visión, colaboración e inteligencia emocional son los pilares que definen a un líder capaz de navegar el cambio, aprovechar la tecnología y guiar a su equipo hacia el éxito en un mundo en constante transformación.

En los próximos capítulos, exploraremos cómo puedes utilizar la tecnología para potenciar tu desarrollo personal, mejorar tu productividad, fortalecer tus finanzas y cuidar tu bienestar, mientras lideras con propósito en la era digital.

Capítulo 2: Tecnología para el Desarrollo Personal

En la era digital, el desarrollo personal ha dejado de ser un proceso exclusivamente introspectivo y autodidacta para convertirse en una experiencia altamente potenciada por la tecnología. Las herramientas digitales no solo nos permiten aprender y crecer, sino que también nos ofrecen la posibilidad de **acelerar nuestro progreso**, personalizar nuestras experiencias y conectar con personas que pueden ayudarnos a alcanzar nuestras metas.

Este capítulo explora cómo aprovechar las aplicaciones de aprendizaje, las redes sociales, el networking y las herramientas de productividad para impulsar tu crecimiento personal y profesional. Al adoptar un enfoque tecnológico para el desarrollo personal, puedes maximizar tu potencial y mantenerte competitivo en un mundo que evoluciona constantemente.

2.1 Aplicaciones de Aprendizaje: Educación al Alcance de Todos

El aprendizaje ya no se limita a las aulas tradicionales ni a los horarios rígidos. Las **aplicaciones de aprendizaje** han democratizado el acceso al conocimiento, permitiendo que cualquier persona, en cualquier lugar del mundo, pueda adquirir nuevas habilidades y expandir sus horizontes.

Estas plataformas ofrecen una amplia gama de cursos, desde habilidades técnicas y lenguajes de programación hasta desarrollo personal y liderazgo. Algunas de las aplicaciones más populares incluyen:

- **Duolingo:** Ideal para aprender nuevos idiomas de forma gamificada.

- **Coursera:** Ofrece cursos de universidades de renombre en una variedad de disciplinas.

- **Khan Academy:** Proporciona recursos educativos gratuitos para estudiantes de todas las edades.

- **Udemy:** Una plataforma con cursos asequibles en casi cualquier tema imaginable.

- **Skillshare:** Enfocada en habilidades creativas y prácticas, desde diseño gráfico hasta marketing digital.

Ventajas de las Aplicaciones de Aprendizaje:

1. **Flexibilidad:** Aprende a tu propio ritmo y según tu disponibilidad de tiempo.
2. **Accesibilidad:** Accede a cursos de alta calidad desde cualquier lugar con conexión a Internet.
3. **Personalización:** Elige los temas y niveles que más se adapten a tus intereses y necesidades.

"El aprendizaje continuo es la clave para mantenerse relevante en la era digital. Las aplicaciones de aprendizaje te permiten estar siempre un paso adelante."

Ejemplo práctico:

Un profesional de marketing que utiliza Coursera para aprender sobre análisis de datos puede mejorar significativamente sus capacidades, convirtiéndose en un activo más valioso para su empresa.

2.2 Redes Sociales y Networking: Construyendo Conexiones Poderosas.

Las redes sociales han transformado la forma en que nos conectamos con los demás, creando oportunidades únicas para el **networking profesional y personal**. Sin embargo, es importante utilizarlas de manera estratégica para maximizar su impacto.

Las plataformas de redes sociales más influyentes en el ámbito profesional son:

- **LinkedIn:** La red profesional por excelencia, ideal para conectar con colegas, mentores y reclutadores.

- **Twitter:** Una herramienta poderosa para establecer tu marca personal y participar en conversaciones relevantes en tu industria.

- **Instagram:** Aunque originalmente enfocada en contenido visual, es utilizada por muchos profesionales creativos para mostrar su portafolio y atraer oportunidades.

- **Facebook:** Grupos temáticos y comunidades profesionales ofrecen recursos y conexiones valiosas.

Estrategias para un Networking Efectivo:

1. **Optimiza tu perfil:** Asegúrate de que tu perfil profesional esté actualizado, con una foto profesional, una descripción clara de tus habilidades y un resumen de tus logros.
2. **Participa activamente:** Comenta, comparte y crea contenido relevante que demuestre tu experiencia y conocimiento.
3. **Establece relaciones auténticas:** No se trata solo de acumular contactos, sino de construir relaciones significativas y auténticas que puedan beneficiarte a largo plazo.

"Tu red de contactos es tu mayor activo en el mundo profesional. Construirla y nutrirla de manera inteligente es clave para tu éxito."

Ejemplo práctico:
Un diseñador gráfico que comparte regularmente su trabajo en Instagram y participa en comunidades de diseño en LinkedIn puede atraer nuevos clientes y oportunidades laborales.

2.3 Herramientas de Productividad: Maximiza tu Tiempo y Esfuerzo

La tecnología también ha revolucionado la forma en que gestionamos nuestro tiempo y nuestras tareas. Las **herramientas de productividad** permiten optimizar procesos, organizar proyectos y mantener el enfoque en lo que realmente importa.

Algunas de las herramientas de productividad más efectivas incluyen:

- **Todoist:** Una aplicación de gestión de tareas que te permite organizar tus actividades diarias, establecer prioridades y realizar un seguimiento de tu progreso.

- **Notion:** Una plataforma todo en uno que combina notas, bases de datos y gestión de proyectos en un solo lugar.

- **Trello:** Un tablero visual de tareas que facilita la organización de proyectos en equipo.

- **Evernote:** Ideal para tomar notas, guardar ideas y mantener toda tu información importante en un solo lugar.

- **Google Workspace:** Una suite de herramientas que incluye Google Calendar, Google Drive y Google Docs, esenciales para la colaboración y la productividad.

Cómo Utilizar las Herramientas de Productividad de Forma Efectiva:

1. **Establece metas claras:** Define qué quieres lograr a corto, mediano y largo plazo.

2. **Prioriza tus tareas:** Utiliza matrices de prioridad para enfocarte en lo más importante y urgente.

3. **Automatiza procesos repetitivos:** Aprovecha las funciones de automatización para reducir el tiempo dedicado a tareas rutinarias.

4. **Monitorea tu progreso:** Revisa regularmente tus avances y ajusta tus estrategias según sea necesario.

"La tecnología no solo debe ocupar tu tiempo, sino ayudarte a administrarlo mejor y liberarte para enfocarte en lo que realmente importa."

Ejemplo práctico:

Un emprendedor que utiliza Notion para planificar sus proyectos, Todoist para gestionar sus tareas diarias y Google Calendar para programar sus reuniones puede aumentar significativamente su productividad y reducir el estrés.

Conclusión del Capítulo 2

La tecnología ofrece innumerables oportunidades para el desarrollo personal, desde el aprendizaje continuo hasta la optimización de la productividad. Al adoptar aplicaciones de aprendizaje, utilizar las redes sociales de manera estratégica y aprovechar herramientas de productividad, puedes **maximizar tu potencial** y mantenerte competitivo en un entorno en constante evolución.

El desarrollo personal es un proceso continuo, y la tecnología es tu mejor aliada en este viaje. El siguiente capítulo profundizará en cómo estas mismas herramientas pueden transformar la educación y el aprendizaje, permitiéndote adquirir nuevas habilidades y mantenerte a la vanguardia en tu campo profesional.

Capítulo 3: Educación y Aprendizaje en la Era Digital

La educación ha experimentado una transformación radical en la era digital. La integración de la tecnología en los procesos de enseñanza y aprendizaje ha derribado barreras geográficas, económicas y de acceso al conocimiento. Hoy, aprender ya no es una actividad confinada a un aula física ni limitada por horarios estrictos; es una experiencia continua, global y personalizada.

Este capítulo explora cómo la educación a distancia, el aprendizaje a lo largo de la vida y las plataformas de colaboración digital están redefiniendo el acceso y la experiencia educativa. Con estas herramientas, cualquier persona puede adquirir nuevas habilidades, mantenerse competitiva en el mercado laboral y contribuir al avance de la sociedad.

3.1 Educación a Distancia: Rompiendo Barreras Geográficas y Económicas

La **educación a distancia** ha democratizado el acceso al conocimiento, permitiendo que millones de personas en todo el mundo puedan aprender desde cualquier lugar y a cualquier hora. Lo que antes requería desplazamientos físicos, costos elevados y limitaciones de acceso, ahora está al alcance de un clic.

Las plataformas de educación a distancia más destacadas incluyen:

- **Coursera:** Ofrece cursos de universidades de prestigio mundial como Harvard, MIT y Stanford.
- **edX:** Proporciona acceso a programas de certificación profesional y títulos universitarios en línea.
- **Udemy:** Ofrece cursos en una amplia variedad de temas, desde habilidades técnicas hasta desarrollo personal.

- **Khan Academy:** Brinda educación gratuita en materias como matemáticas, ciencias y economía.

- **Platzi:** Enfocada en tecnología y habilidades digitales, es una plataforma popular en América Latina.

Beneficios de la Educación a Distancia:

1. **Accesibilidad:** Estudiantes de todas las edades y orígenes pueden acceder a contenido educativo de calidad.

2. **Flexibilidad:** Permite aprender a tu propio ritmo y adaptarse a tus horarios.

3. **Variedad de contenido:** Desde habilidades técnicas hasta artes y humanidades, la oferta educativa es prácticamente ilimitada.

4. **Costos reducidos:** Muchas plataformas ofrecen cursos gratuitos o a precios accesibles, democratizando el acceso a la educación.

"La educación a distancia no solo elimina las barreras físicas, sino que también empodera a las personas para aprender a lo largo de toda la vida."

Ejemplo práctico:
Un joven en una zona rural que no tiene acceso a una universidad cercana puede completar una certificación en desarrollo web a través de edX, obteniendo habilidades competitivas sin necesidad de salir de su comunidad.

3.2 Aprendizaje a lo Largo de la Vida: La Nueva Mentalidad Educativa.

En un mundo donde la tecnología y las demandas del mercado laboral cambian constantemente, el concepto de **aprendizaje a lo largo de la vida** se ha vuelto indispensable. Ya no es suficiente obtener un título universitario y esperar que sea relevante durante toda una carrera. Ahora, el éxito depende de la capacidad de **aprender, desaprender y reaprender** continuamente.

El aprendizaje a lo largo de la vida se caracteriza por:

- **Actualización constante:** Mantenerse al día con las últimas tendencias y tecnologías en tu campo.
- **Diversificación de habilidades:** Adquirir nuevas competencias en áreas complementarias a tu especialización.
- **Enfoque en el desarrollo personal:** No solo se trata de habilidades técnicas, sino también de competencias blandas como la comunicación, la empatía y el liderazgo.

Estrategias para el Aprendizaje Continuo:

1. **Establece metas claras:** Define qué habilidades quieres adquirir y cómo contribuirán a tu desarrollo profesional y personal.

2. **Crea un plan de aprendizaje:** Dedica tiempo regularmente para estudiar y practicar nuevas habilidades.

3. **Aprovecha recursos en línea:** Las plataformas educativas, podcasts, blogs y webinars son fuentes invaluables de conocimiento.

4. **Participa en comunidades de aprendizaje:** Únete a grupos de estudio, foros en línea o comunidades profesionales para compartir conocimientos y experiencias.

"Aprender es una inversión que nunca pierde valor. Cada nueva habilidad adquirida es una herramienta que te acerca a tus metas."

Ejemplo práctico:
Un ingeniero de software que, además de dominar lenguajes de programación, decide aprender sobre gestión de proyectos y habilidades de liderazgo, aumenta significativamente su valor en el mercado laboral.

3.3 Plataformas de Colaboración: Fomentando el Aprendizaje Colectivo

El aprendizaje ya no es una experiencia individual; es cada vez más una **actividad colaborativa.** Las **plataformas de colaboración** permiten a estudiantes y profesionales trabajar juntos en proyectos, compartir conocimientos y resolver problemas de manera conjunta, sin importar su ubicación geográfica.

Algunas de las plataformas de colaboración más efectivas incluyen:

- **Google Workspace:** Herramientas como Google Docs, Sheets y Drive facilitan la colaboración en tiempo real.

- **Microsoft Teams:** Combina chat, videoconferencias y almacenamiento de archivos en una sola plataforma.

- **Slack:** Una herramienta de comunicación que permite a equipos colaborar de manera eficiente en proyectos.

- **Trello:** Ideal para la gestión de proyectos colaborativos, organizando tareas en tableros visuales.

- **Miro:** Una pizarra digital que facilita la colaboración creativa y la lluvia de ideas en línea.

Beneficios del Aprendizaje Colaborativo:

1. **Desarrollo de habilidades interpersonales:** La colaboración fomenta la comunicación, la empatía y la capacidad de trabajar en equipo.

2. **Resolución conjunta de problemas:** La diversidad de perspectivas enriquece las soluciones a problemas complejos.

3. **Acceso a una red de apoyo:** Trabajar en equipo proporciona apoyo emocional y motivacional, especialmente en proyectos de larga duración.

4. **Innovación colectiva:** La colaboración fomenta la creatividad y la generación de ideas innovadoras.

"El conocimiento se multiplica cuando se comparte. Colaborar no solo acelera el aprendizaje, sino que también lo enriquece."

Ejemplo práctico:
Un grupo de estudiantes de diferentes países que trabajan juntos en un proyecto de investigación a través de Microsoft Teams pueden combinar sus conocimientos y perspectivas para crear soluciones innovadoras que de otro modo no habrían surgido.

Conclusión del Capítulo 3

La educación y el aprendizaje en la era digital han dejado de ser procesos lineales para convertirse en experiencias dinámicas, accesibles y colaborativas. La educación a distancia, el aprendizaje a lo largo de la vida y las plataformas de colaboración ofrecen oportunidades sin precedentes para crecer y desarrollarse en un mundo en constante evolución.

La clave para aprovechar al máximo estas oportunidades es adoptar una **mentalidad de aprendizaje continuo**, ser proactivo en la búsqueda de conocimiento y estar dispuesto a colaborar con otros. En los próximos capítulos, exploraremos cómo la tecnología también puede transformar otros aspectos de la vida, como las finanzas, la salud y el bienestar, permitiéndote alcanzar una versión más completa y exitosa de ti mismo.

Capítulo 4: Finanzas y Economía en la Era Digital

La revolución digital no solo ha transformado la forma en que vivimos, trabajamos y nos comunicamos, sino también cómo gestionamos nuestras **finanzas personales**, realizamos inversiones y participamos en la economía global. Hoy en día, la tecnología ha puesto al alcance de nuestra mano una serie de herramientas y recursos que nos permiten tener un control más preciso sobre nuestro dinero, tomar decisiones financieras más informadas y explorar nuevas oportunidades de inversión.

Este capítulo explora cómo la educación financiera, las plataformas de inversión en línea y el auge de las criptomonedas están redefiniendo el panorama financiero, empoderando a las personas para que sean más conscientes, estratégicas y exitosas en la gestión de sus finanzas.

4.1 Educación Financiera: La Clave del Éxito Económico

En un mundo cada vez más complejo y digitalizado, la **educación financiera** se ha convertido en una habilidad esencial para el éxito personal y profesional. Comprender cómo gestionar el dinero, planificar para el futuro y tomar decisiones de inversión inteligentes es fundamental para alcanzar la estabilidad financiera.

La tecnología ha democratizado el acceso a la educación financiera, ofreciendo una amplia variedad de recursos:

- **Aplicaciones de gestión financiera:** Herramientas como **Mint**, **YNAB (You Need a Budget)** y **Fintonic** ayudan a los usuarios a llevar un control detallado de sus ingresos, gastos y ahorro.

- **Cursos en línea:** Plataformas como **Coursera**, **Udemy** y **edX** ofrecen cursos sobre finanzas personales, inversión y planificación financiera.

- **Blogs y podcasts:** Expertos financieros comparten conocimientos y consejos prácticos a través de blogs, podcasts y canales de YouTube, lo que facilita el acceso a información actualizada y relevante.

Principios Fundamentales de la Educación Financiera:

1. **Presupuesto y control de gastos:** Llevar un registro de ingresos y gastos es el primer paso hacia una gestión financiera efectiva.

2. **Ahorro inteligente:** Establecer metas de ahorro y buscar herramientas que maximicen el rendimiento del dinero ahorrado.

3. **Inversión estratégica:** Comprender los diferentes tipos de inversiones y seleccionar aquellas que se alineen con tus objetivos financieros y tolerancia al riesgo.

4. **Planificación para el futuro:** Prepararse para eventos inesperados y la jubilación mediante la creación de un fondo de emergencia y la inversión a largo plazo.

"La educación financiera es el primer paso hacia la libertad financiera. Entender cómo funciona el dinero es fundamental para tomar decisiones acertadas."

Ejemplo práctico:

Una persona que utiliza una aplicación de gestión financiera como YNAB para controlar sus gastos, establecer metas de ahorro y planificar sus inversiones puede lograr una mayor estabilidad y libertad financiera.

4.2 Inversiones en Línea: Acceso Global a Mercados Financieros

La tecnología ha hecho que la inversión en mercados financieros sea más accesible que nunca. Las **plataformas de inversión en línea** permiten a cualquier persona, independientemente de su experiencia previa, invertir en acciones, bonos, fondos mutuos y otros instrumentos financieros con solo unos clics.

Entre las plataformas más populares se encuentran:

- **Robinhood:** Ofrece inversión en acciones, ETFs y criptomonedas sin comisiones, lo que la hace ideal para principiantes.

- **eToro:** Permite invertir en una amplia gama de activos y seguir las estrategias de otros inversores a través de su función de "copy trading".

- **Interactive Brokers:** Dirigida a inversores más experimentados, ofrece acceso a mercados globales y una amplia gama de productos financieros.

- **Acorns:** Automáticamente invierte el cambio redondeado de las compras en una cartera diversificada, facilitando la inversión a quienes comienzan con pequeños montos.

Ventajas de las Inversiones en Línea:

1. **Accesibilidad:** Invertir ya no está limitado a grandes capitales; las plataformas permiten comenzar con montos bajos.

2. **Transparencia:** La mayoría de las plataformas ofrecen herramientas para analizar el rendimiento de las inversiones y tomar decisiones informadas.

3. **Educación continua:** Muchas plataformas incluyen recursos educativos, seminarios web y análisis de mercado para ayudar a los usuarios a mejorar sus habilidades de inversión.

"Invertir ya no es un privilegio de unos pocos; es una oportunidad al alcance de todos gracias a la tecnología."

Ejemplo práctico:
Un joven profesional que utiliza Robinhood para invertir pequeñas cantidades en ETFs diversificados puede comenzar a construir su patrimonio a largo plazo, beneficiándose del interés compuesto.

4.3 Criptomonedas y Nuevas Oportunidades Financieras

El auge de las **criptomonedas** ha abierto nuevas posibilidades en el mundo financiero, pero también ha introducido desafíos y riesgos significativos. Las criptomonedas, como **Bitcoin, Ethereum y Cardano**, representan una forma de dinero digital descentralizado que opera en una red blockchain, lo que garantiza transacciones seguras y transparentes sin intermediarios.

Oportunidades de las Criptomonedas:

1. **Diversificación de inversiones:** Las criptomonedas ofrecen una clase de activos alternativa que puede complementar una cartera tradicional.

2. **Acceso global:** Permiten realizar transacciones internacionales sin las limitaciones de las monedas tradicionales.

3. **Innovación tecnológica:** La tecnología blockchain subyacente tiene aplicaciones más allá de las finanzas, como contratos inteligentes, gestión de identidades y trazabilidad de productos.

Riesgos de las Criptomonedas:

1. **Volatilidad:** Los precios de las criptomonedGas pueden fluctuar drásticamente en cortos períodos de tiempo.

2. **Falta de regulación:** En muchos países, las criptomonedas aún no están reguladas, lo que puede aumentar el riesgo de fraude.

3. **Seguridad:** Los inversores deben tomar precauciones para proteger sus activos digitales mediante el uso de billeteras seguras y autenticación de dos factores.

"Las criptomonedas representan el futuro de las finanzas, pero es esencial entender sus riesgos antes de invertir."

Estrategias para Invertir en Criptomonedas:

1. **Educación previa:** Comprender cómo funciona la tecnología blockchain y los fundamentos de cada criptomonedas.

2. **Diversificación:** No invertir todo el capital en un solo activo digital.

3. **Uso de exchanges confiables:** Plataformas como **Coinbase**, **Binance** y **Kraken** ofrecen seguridad y acceso a una amplia variedad de criptomonedas.

Ejemplo práctico:
Un inversor que destina un pequeño porcentaje de su cartera a Bitcoin y Ethereum, mientras mantiene la mayor parte en inversiones tradicionales, puede beneficiarse del potencial de crecimiento de las criptomonedas sin asumir un riesgo excesivo.

Conclusión del Capítulo 4

La tecnología ha transformado la forma en que gestionamos nuestras finanzas, ofreciendo nuevas oportunidades para aprender, invertir y prosperar en la economía digital. Desde la educación financiera hasta las inversiones en línea y las criptomonedas, el acceso a recursos y herramientas nunca ha sido tan amplio.

El éxito financiero en la era digital requiere una combinación de **conocimiento, planificación estratégica y uso inteligente de la tecnología**. Al aprovechar estas herramientas y recursos, puedes tomar el control de tus finanzas, construir un futuro económico sólido y participar activamente en la economía global.

En el próximo capítulo, exploraremos cómo la tecnología también puede mejorar tu salud y bienestar, ayudándote a alcanzar una vida equilibrada y plena.

Capítulo 5: Salud y Bienestar en la Era Digital

La tecnología ha transformado radicalmente nuestra comprensión y gestión de la **salud y el bienestar**. En un mundo acelerado, donde las exigencias laborales y personales a menudo compiten por nuestra atención, las herramientas digitales han emergido como aliadas esenciales para alcanzar y mantener un estado de equilibrio físico, mental y emocional.

Este capítulo explora cómo las aplicaciones de bienestar, los dispositivos de seguimiento de salud y las plataformas de fitness han revolucionado la forma en que cuidamos de nosotros mismos. Además, analizaremos cómo estas tecnologías pueden integrarse de manera efectiva en nuestras vidas para promover una salud integral y sostenible.

5.1 Tecnología para el Bienestar: Herramientas para el Cuidado Integral

El concepto de **bienestar** ha evolucionado más allá de la mera ausencia de enfermedad. Hoy en día, abarca una visión holística que incluye el equilibrio emocional, la salud mental, la calidad del sueño, la alimentación consciente y la gestión del estrés. Afortunadamente, la tecnología ha facilitado el acceso a recursos y aplicaciones que nos ayudan a gestionar todos estos aspectos de forma integrada.

Aplicaciones y Plataformas para el Bienestar:

1. **Meditación y mindfulness:**
    - **Headspace:** Ofrece programas guiados de meditación y técnicas de respiración para reducir el estrés.
    - **Calm:** Se centra en mejorar el sueño, la concentración y el bienestar emocional a través de meditaciones guiadas y paisajes sonoros relajantes.
    - **Insight Timer:** Una plataforma gratuita con miles de sesiones de meditación y mindfulness para diferentes necesidades.

2. **Seguimiento del sueño:**

    o **Sleep Cycle:** Analiza tus patrones de sueño y te despierta en el momento óptimo para maximizar tu descanso.

    o **Pillow:** Ofrece análisis detallados del sueño, integrándose con dispositivos como Apple Watch para un monitoreo preciso.

3. **Gestión del estrés:**

    o **Sanvello:** Combina técnicas de terapia cognitivo-conductual (TCC) con herramientas de autoayuda para gestionar el estrés y la ansiedad.

    o **Moodpath:** Ayuda a realizar un seguimiento del estado de ánimo, identificando patrones que pueden afectar la salud mental.

Beneficios de la Tecnología para el Bienestar:

- **Accesibilidad:** Las aplicaciones y plataformas están disponibles en cualquier momento y lugar, permitiendo a las personas gestionar su bienestar de forma constante.

- **Personalización:** La tecnología adapta las recomendaciones y estrategias a las necesidades específicas de cada usuario.

- **Monitoreo en tiempo real:** Los dispositivos y aplicaciones permiten un seguimiento continuo de los indicadores de salud y bienestar.

-

"El bienestar ya no es un lujo, es una necesidad. La tecnología puede ser una poderosa herramienta para alcanzar el equilibrio que todos buscamos."

Ejemplo práctico:
Una persona que utiliza Headspace para meditar diariamente y Sleep Cycle para mejorar la calidad de su sueño puede experimentar una reducción significativa en sus niveles de estrés y una mejora en su salud general.

5.2 Fitness y Salud: Una Revolución en el Cuidado Personal

El cuidado de la **salud física** también ha evolucionado gracias a la tecnología. Las aplicaciones de fitness, los dispositivos de seguimiento de actividad y las plataformas de entrenamiento en línea han democratizado el acceso a programas de ejercicio y bienestar físico, permitiendo que cualquier persona pueda establecer y alcanzar sus objetivos de salud desde casa o en cualquier lugar.

Dispositivos y Aplicaciones para el Fitness:

1. **Wearables:**

    - **Apple Watch:** Monitorea la actividad física, el ritmo cardíaco, las calorías quemadas y el progreso en objetivos de fitness.

    - **Fitbit:** Ofrece seguimiento de pasos, calorías, sueño y ritmo cardíaco, proporcionando una visión integral de la salud física.

    - **Garmin:** Ideal para atletas que buscan un seguimiento avanzado de actividades como correr, nadar o andar en bicicleta.

2. **Aplicaciones de entrenamiento:**

    - **Nike Training Club:** Proporciona entrenamientos guiados por entrenadores profesionales, desde ejercicios de fuerza hasta yoga.
    - **Strava:** Es una red social para atletas que registra actividades como correr y andar en bicicleta, permitiendo comparar resultados y competir con otros.
    - **MyFitnessPal:** Ayuda a controlar la ingesta calórica y a planificar una dieta equilibrada, complementando el ejercicio físico.

3. **Entrenamiento virtual:**
   Plataformas como **Peloton** y **Les Mills+** ofrecen clases de fitness en línea con instructores en vivo, lo que permite a los usuarios participar en entrenamientos dinámicos desde la comodidad de su hogar.

Beneficios de la Tecnología en el Fitness:

1. **Motivación constante:** Los dispositivos y aplicaciones ofrecen recordatorios, logros y recompensas que mantienen la motivación del usuario.

2. **Monitoreo del progreso:** El seguimiento de indicadores como la frecuencia cardíaca, las calorías quemadas y los pasos dados permite a las personas medir su avance y ajustar sus rutinas.

3. **Acceso a entrenadores profesionales:** Las plataformas de entrenamiento en línea conectan a los usuarios con entrenadores expertos, brindando acceso a programas de alta calidad sin necesidad de acudir a un gimnasio.

"La actividad física es la medicina más accesible que existe, y la tecnología nos ayuda a convertirla en un hábito diario."

Ejemplo práctico:
Una persona que utiliza Fitbit para monitorear su actividad diaria y MyFitnessPal para planificar su dieta puede lograr una mejora significativa en su salud física y en su composición corporal.

5.3 Salud Mental: El Pilar Esencial del Bienestar

La **salud mental** ha cobrado una relevancia creciente en la sociedad actual, y la tecnología ha desempeñado un papel crucial en su gestión. Las plataformas de terapia en línea, las aplicaciones de bienestar emocional y las comunidades digitales de apoyo están ayudando a las personas a gestionar mejor su salud mental.

Plataformas de Terapia en Línea:

1. **BetterHelp:** Ofrece sesiones de terapia en línea con psicólogos licenciados, adaptadas a las necesidades individuales.

2. **Talkspace:** Permite acceder a terapia de texto, video o audio, facilitando la comunicación con profesionales de la salud mental.

3. **7 Cups:** Una plataforma de apoyo emocional que conecta a los usuarios con oyentes capacitados y terapeutas.

Beneficios de la Tecnología en la Salud Mental:

- **Acceso inmediato:** Las personas pueden acceder a apoyo emocional en momentos de necesidad, sin largas esperas.

- **Privacidad:** Las sesiones en línea ofrecen un entorno seguro y confidencial.

- **Costo accesible:** La terapia en línea suele ser más económica que la terapia presencial, lo que la hace más accesible.

Conclusión del Capítulo 5

La tecnología ha redefinido el concepto de **salud y bienestar**, brindando a las personas herramientas poderosas para gestionar su salud física, mental y emocional de manera integral. Al adoptar estas soluciones digitales, es posible lograr un equilibrio sostenible que favorezca tanto el rendimiento personal como profesional.

El bienestar en la era digital no es un lujo, es una necesidad. Al integrar la tecnología en nuestras rutinas diarias, podemos alcanzar niveles de salud y bienestar que antes parecían inalcanzables, mejorando nuestra calidad de vida y nuestra capacidad para afrontar los desafíos del mundo moderno. En el próximo capítulo, exploraremos cómo el **coaching y mentoring digital** puede potenciar el desarrollo personal y profesional en este entorno en constante evolución.

Capítulo 6: Coaching y Mentoring Digital:

Potenciando el Desarrollo Personal y Profesional en la Era Digital.

El éxito en el mundo moderno no depende únicamente de las habilidades técnicas o conocimientos específicos. Cada vez más, factores como el **autodescubrimiento**, la **inteligencia emocional**, la **resiliencia** y la **capacidad de liderazgo** son esenciales para alcanzar el máximo potencial. En este contexto, el **coaching** y el **mentoring** se han consolidado como dos de las herramientas más poderosas para el crecimiento personal y profesional.

La tecnología ha transformado estas prácticas tradicionales, permitiendo que el coaching y el mentoring se realicen de forma **digital** y **remota**, conectando a personas de diferentes partes del mundo y ofreciendo acceso a mentores y coaches que, de otro modo, estarían fuera de alcance. En este capítulo, exploraremos cómo estas metodologías se han adaptado a la era digital, sus beneficios, herramientas disponibles y cómo aprovecharlas para alcanzar el éxito.

6.1 El Poder del Coaching en Línea: Un Camino hacia el Autodescubrimiento y el Éxito

El **coaching** es un proceso de acompañamiento en el que un profesional guía a una persona a través de un proceso de **autoconocimiento, desarrollo de habilidades y toma de decisiones estratégicas** para alcanzar sus metas personales y profesionales. En su versión digital, el coaching se ha democratizado, permitiendo que personas de diferentes contextos accedan a expertos en desarrollo personal desde cualquier lugar.

¿Qué es el Coaching Digital?

El coaching digital utiliza plataformas tecnológicas para facilitar las sesiones entre coach y coachee (cliente), permitiendo una interacción efectiva a través de:

- **Videoconferencias** en plataformas como **Zoom, Microsoft Teams** o **Google Meet**.

- **Mensajería instantánea** para seguimiento continuo mediante aplicaciones como **Slack** o **WhatsApp**.

- **Plataformas de coaching dedicadas** como **BetterUp, CoachHub** y **Symphonia**, que ofrecen un ecosistema completo para la gestión de sesiones, seguimiento de metas y análisis de progreso.

Beneficios del Coaching Digital:

1. **Acceso global a expertos:** Puedes trabajar con coaches especializados en áreas como liderazgo, gestión del tiempo, comunicación y desarrollo de carrera, independientemente de la ubicación geográfica.

2. **Flexibilidad horaria:** Las sesiones se pueden programar en horarios convenientes, eliminando barreras de tiempo y desplazamiento.

3. **Monitoreo y seguimiento continuo:** Las plataformas digitales permiten un seguimiento constante del progreso del cliente, así como el acceso a recursos complementarios.

Áreas Clave del Coaching Digital:

1. **Coaching de Liderazgo:**
   Ayuda a los profesionales a desarrollar habilidades de liderazgo efectivas, gestionar equipos y fomentar una cultura organizacional positiva.

2. **Coaching de Carrera:**
   Se enfoca en guiar a las personas en la toma de decisiones profesionales, cambios de carrera y desarrollo de competencias clave para el avance laboral.

3. **Coaching de Bienestar:**
   Orientado a mejorar la salud física, mental y emocional, ayudando a los clientes a alcanzar un equilibrio entre su vida personal y profesional.

"El coaching digital es una herramienta poderosa para desbloquear el potencial oculto y superar los desafíos del entorno moderno."

Ejemplo práctico:
Un gerente de proyectos que recurre a un coach de liderazgo a través de BetterUp puede mejorar sus habilidades de comunicación y gestión de conflictos, lo que resulta en un equipo más cohesionado y productivo.

6.2 Mentoring Virtual: Aprender de la Experiencia para Crecer Rápidamente

El **mentoring** es una relación de orientación y aprendizaje en la que una persona más experimentada (mentor) comparte su conocimiento y experiencia con una persona menos experimentada (mentee) para ayudarle a desarrollarse profesionalmente. En el mundo digital, el mentoring ha evolucionado para ser más accesible y dinámico, permitiendo que estas relaciones florezcan a pesar de la distancia física.

¿Qué es el Mentoring Virtual?

El mentoring virtual aprovecha herramientas digitales para conectar a mentores y mentees de manera remota. Las interacciones pueden realizarse a través de:

- **Videollamadas** periódicas para sesiones de orientación.

- **Plataformas de networking profesional** como **LinkedIn**, donde los usuarios pueden encontrar y conectar con posibles mentores.

- **Aplicaciones de mentoring específicas** como **MentorCruise** y **GrowthMentor**, que facilitan el emparejamiento entre mentores y mentees según sus áreas de interés y objetivos.

Beneficios del Mentoring Virtual:

1. **Acceso a una red global:** Los mentees pueden conectarse con mentores de diferentes industrias, culturas y países, lo que amplía sus perspectivas y oportunidades.

2. **Mentoría en tiempo real:** Las herramientas digitales permiten interacciones frecuentes y rápidas, lo que facilita un aprendizaje constante y adaptable.

3. **Desarrollo de habilidades específicas:** Los mentores pueden ofrecer orientación sobre habilidades técnicas, desarrollo de carrera, liderazgo, entre otros.

Tipos de Mentoring Virtual:

1. **Mentoring Profesional:**
   Enfocado en el desarrollo de habilidades profesionales, establecimiento de metas de carrera y orientación en la toma de decisiones estratégicas.

2. **Mentoring Empresarial:**
   Diseñado para emprendedores y propietarios de negocios, este tipo de mentoría ofrece orientación en áreas como planificación estratégica, marketing y expansión de negocios.

3. **Mentoring Personal:**
   Ayuda a los mentees a superar desafíos personales, gestionar el equilibrio entre la vida personal y profesional, y desarrollar habilidades de resiliencia y autoconfianza.

"Un mentor no te da las respuestas, sino las preguntas correctas para ayudarte a encontrar tu camino."

Ejemplo práctico:

Una joven profesional que se conecta con un mentor experimentado en LinkedIn para recibir orientación sobre cómo avanzar en su carrera en la industria tecnológica puede obtener valiosos consejos sobre desarrollo de habilidades, networking y estrategias de ascenso laboral.

Herramientas Digitales para Coaching y Mentoring

El éxito del coaching y el mentoring digital depende en gran medida del uso efectivo de las herramientas tecnológicas. Algunas de las plataformas más destacadas incluyen:

- **BetterUp:** Ofrece coaching personalizado enfocado en el desarrollo de liderazgo y bienestar.

- **CoachHub:** Plataforma global que conecta a empresas con coaches expertos para mejorar el rendimiento de sus empleados.

- **MentorCruise:** Conecta a profesionales con mentores especializados en tecnología, emprendimiento y desarrollo profesional.

- **GrowthMentor:** Plataforma de mentoría orientada a startups y emprendedores.

Conclusión del Capítulo 6

El **coaching y mentoring digital** han redefinido la forma en que las personas se desarrollan personal y profesionalmente en la era digital. Al eliminar las barreras geográficas y facilitar el acceso a expertos, estas prácticas permiten que más personas desbloqueen su potencial, superen desafíos y alcancen sus metas.

En un mundo donde el cambio es constante, contar con el apoyo de un coach o mentor digital puede marcar la diferencia entre el estancamiento y el crecimiento. Al adoptar estas herramientas, las personas pueden mejorar sus habilidades, fortalecer su liderazgo y construir una carrera exitosa en un entorno competitivo y en constante evolución.

En el próximo capítulo, exploraremos **estrategias para el futuro**, enfocándonos en la innovación continua y la importancia de la diversidad en un mundo cada vez más globalizado y digital

Capítulo 7: Estrategias para el Futuro:

Innovación Continua y Diversidad como Motor de Éxito

En un mundo donde los cambios son constantes y rápidos, las organizaciones y los individuos deben prepararse para navegar la incertidumbre. En este sentido, las estrategias de **innovación continua** y **diversidad** se han convertido en elementos clave para asegurar el éxito y la competitividad en la era digital. En este capítulo, exploraremos cómo la innovación constante puede ser un motor de crecimiento y adaptación, mientras que la diversidad no solo contribuye a la creación de entornos más inclusivos, sino que también se ha establecido como una ventaja competitiva crucial en la creación de soluciones innovadoras.

Estas dos estrategias, cuando se implementan correctamente, permiten a las organizaciones mantenerse a la vanguardia, adaptarse rápidamente a los cambios del mercado y crear una cultura organizacional que atraiga el talento más brillante y diverso. Tanto si eres un líder organizacional como un profesional que busca avanzar en su carrera, este capítulo te proporcionará herramientas prácticas para integrar estas dos estrategias en tu vida diaria.

7.1 Innovación Continua: Impulso para el Futuro

La **innovación continua** no es solo un proceso para resolver problemas inmediatos; es una mentalidad que debe impregnar todas las facetas de una organización y la vida profesional de una persona. En un entorno en constante evolución, las ideas, los productos y los procesos necesitan ser revisados y mejorados regularmente para seguir siendo relevantes. La innovación debe ser vista no como una actividad ocasional, sino como una práctica continua que promueve la creatividad, la flexibilidad y el aprendizaje constante.

¿Qué Implica la Innovación Continua?

La innovación continua es un compromiso con la **mejora constante**, no solo en la creación de productos nuevos, sino en cómo hacemos las cosas, cómo interactuamos con los clientes, cómo optimizamos los procesos y cómo aprovechamos las nuevas tecnologías para hacer que las soluciones sean más efectivas.

La innovación debe ser parte de la cultura de la organización y del enfoque individual hacia el desarrollo profesional. A medida que la tecnología sigue avanzando, las formas de innovar también lo hacen, y las personas y organizaciones deben estar preparadas para adaptarse rápidamente a estos cambios.

Beneficios de la Innovación Continua:

1. **Adaptación Rápida al Cambio:** La innovación continua permite que las organizaciones y los individuos se adapten con rapidez a los cambios del entorno, manteniéndose competitivos en mercados altamente dinámicos.

2. **Mejora de la Eficiencia:** A través de la mejora continua, los procesos se vuelven más ágiles y eficientes, lo que genera una mayor rentabilidad y reduce los costos operativos.

3. **Fomento de la Creatividad:** Un entorno que valora la innovación constante fomenta la creatividad entre los equipos, lo que resulta en soluciones más efectivas y disruptivas.

4. **Ventaja Competitiva:** Las empresas que practican la innovación continua se mantienen por delante de sus competidores al ser las primeras en detectar nuevas oportunidades de mercado.

Estrategias para Fomentar la Innovación:

1. **Fomentar una Cultura de Innovación:**

    o Promover la **mentalidad de crecimiento** entre los miembros de la organización, incentivando a todos a proponer ideas y desafiar el statu quo.

    o Crear un **entorno seguro** donde se valore el fracaso como una oportunidad de aprendizaje y no como un obstáculo.

2. **Invertir en Investigación y Desarrollo (I+D):**

    o Las organizaciones deben destinar recursos a la investigación y al desarrollo para explorar nuevas tecnologías, productos y servicios que pueden satisfacer mejor las necesidades de los clientes.

3. **Adoptar Metodologías Ágiles:**

    o El uso de metodologías ágiles como **Scrum** y **Kanban** permite a los equipos realizar ciclos de trabajo rápidos, probar ideas rápidamente y hacer ajustes sobre la marcha.

    o Implementar el concepto de **mínimo producto viable (MVP)**, para que las innovaciones se prueben rápidamente en el mercado, permitiendo que se adapten a las necesidades reales de los usuarios.

4. **Colaboración Abierta:**

    o Establecer **ecosistemas de innovación abierta**, donde se colaboren ideas y recursos con otras empresas, universidades y startups para desarrollar nuevas soluciones.

Ejemplo práctico:

Una empresa que implementa la metodología **Lean Startup** puede probar nuevas ideas de productos en el mercado rápidamente, ajustarlas sobre la marcha y optimizarlas antes de hacer una inversión significativa.

"La innovación es el proceso mediante el cual los cambios transformadores toman forma, y solo aquellos que estén dispuestos a renovarse y adaptarse podrán marcar la diferencia."

7.2 La Diversidad como Motor de Innovación

La **diversidad** en el lugar de trabajo ha dejado de ser solo una cuestión de equidad y derechos. Hoy en día, la diversidad es reconocida como un activo estratégico que impulsa la **creatividad**, la **innovación** y el **desempeño organizacional**. Equipos diversos tienen una mayor capacidad para abordar problemas complejos desde diferentes perspectivas, lo que resulta en soluciones más efectivas e innovadoras.

La Diversidad Más Allá de lo Visible

La diversidad no se limita a factores como el género, la raza o la edad; se trata también de **diversidad de pensamiento, de experiencias y de habilidades**. Los equipos diversos pueden generar ideas más originales porque sus miembros aportan distintos puntos de vista, antecedentes y formas de resolver problemas.

Beneficios de la Diversidad:

1. **Mejor Toma de Decisiones:** Los equipos diversos, al abordar los problemas desde diferentes perspectivas, tienden a tomar decisiones más equilibradas y bien fundamentadas.

2. **Creatividad y Soluciones Innovadoras:** La diversidad fomenta un enfoque más creativo hacia la resolución de problemas y la creación de productos y servicios que resuenen con una base de clientes diversa.

3. **Adaptación a un Mercado Globalizado:** En un mundo global, las organizaciones deben comprender las diferentes culturas y mercados para ser competitivas. La diversidad interna ayuda a las empresas a entender mejor a sus clientes y a adaptar sus productos y servicios a las necesidades globales.

4. **Mejora en la Retención de Talento:** Las organizaciones que promueven la diversidad crean ambientes laborales más inclusivos, lo que atrae y retiene a los mejores talentos, especialmente de grupos que tradicionalmente han sido subrepresentados.

Estrategias para Promover la Diversidad:

1. **Políticas de Inclusión Activas:**
    - Implementar políticas organizacionales que promuevan la igualdad de oportunidades en la contratación, la formación y la promoción.
    - Asegurarse de que todos los empleados tengan la misma oportunidad de contribuir, independientemente de su género, raza, orientación sexual, capacidad o cualquier otra característica.

2. **Mentoría y Desarrollo Profesional para Grupos Subrepresentados:**
    - Crear programas de mentoría y desarrollo que ayuden a los empleados de grupos minoritarios a acceder a posiciones de liderazgo dentro de la organización.

3. **Sensibilización y Capacitación en Diversidad:**

    o Realizar capacitaciones periódicas sobre la importancia de la diversidad, la equidad y la inclusión para todo el personal, desde los directivos hasta los empleados de base.

4. **Evaluación y Medición de la Diversidad:**

    o Medir el impacto de las iniciativas de diversidad mediante encuestas de clima laboral, análisis de desempeño y estudios de retención de talento.

Ejemplo práctico:

Una organización que implementa políticas inclusivas no solo mejora su ambiente de trabajo, sino que también puede adaptar su oferta de productos para satisfacer mejor las necesidades de mercados diversos, como lo ha hecho **Procter & Gamble** al crear campañas inclusivas que muestran a personas de diferentes razas, géneros y orientaciones.

"La diversidad no solo es el futuro de las organizaciones, es el motor que las impulsa hacia el éxito."

Conclusión del Capítulo 7

En este mundo digitalizado y globalizado, las estrategias de **innovación continua** y **diversidad** son imprescindibles para garantizar el éxito a largo plazo. La **innovación** mantiene a las organizaciones a la vanguardia, les permite adaptarse a las demandas del mercado y fomenta una cultura de mejora constante. Al mismo tiempo, la **diversidad** no solo enriquece las dinámicas laborales, sino que también es una fuente de creatividad y competitividad, que impulsa la capacidad de generar soluciones innovadoras.

Aquellos que comprendan la importancia de estas dos estrategias y las apliquen en su vida personal y profesional estarán mejor preparados para enfrentar los desafíos del futuro. El camino hacia el éxito no solo está en adaptarse al cambio, sino en ser un **motor de cambio** y liderazgo en un mundo en el que la creatividad, la inclusión y la resiliencia son esenciales para prosperar.

Así, la **innovación continua** y la **diversidad** no son solo tendencias; son las claves para construir el **futuro del liderazgo** en un mundo que exige adaptabilidad y visión para prosperar.

Capítulo 8: Inteligencia Emocional Digital

Conectando con las Personas en el Mundo Virtual

En la era digital, donde las interacciones ocurren cada vez más a través de pantallas, la inteligencia emocional (IE) se ha convertido en una habilidad esencial para los líderes. Ya no basta con gestionar equipos cara a cara; ahora, es necesario adaptarse a un entorno donde las expresiones faciales, el lenguaje corporal y el tono de voz pueden perderse o ser malinterpretados. Este nuevo contexto plantea retos únicos, pero también ofrece oportunidades para desarrollar conexiones más significativas y efectivas con los equipos.

8.1 El Nuevo Rostro de la Inteligencia Emocional

La inteligencia emocional, según Daniel Goleman, se basa en cinco pilares: autoconciencia, autorregulación, motivación, empatía y habilidades sociales. En un entorno digital, estas competencias adquieren nuevas dimensiones:

Autoconciencia Digital: Reconocer cómo nuestras emociones afectan nuestra comunicación virtual, desde un correo electrónico hasta una reunión por videollamada.

- **Autorregulación en Línea**: Controlar nuestras respuestas emocionales en situaciones de estrés digital, como retrasos en respuestas o malentendidos en chats.

- **Motivación Remota**: Mantener el entusiasmo personal y del equipo en un contexto donde la interacción presencial es limitada.

- **Empatía Virtual**: Comprender las emociones de los demás a través de señales menos tangibles, como el tono de un mensaje o la demora en una respuesta.

- **Habilidades Sociales Digitales**: Construir relaciones sólidas utilizando herramientas tecnológicas, como videollamadas y plataformas colaborativas.

8.2 Empatía Virtual: La Clave para Liderar a Distancia

La empatía es el núcleo de la inteligencia emocional y se vuelve especialmente desafiante en un entorno digital. Sin las señales no verbales tradicionales, como el lenguaje corporal, los líderes deben ser más proactivos para comprender las emociones de su equipo.

Estrategias para fomentar la empatía virtual:

1. **Escucha Activa en Línea**: Presta atención al contenido y tono de los mensajes escritos y orales. Haz preguntas aclaratorias para demostrar interés genuino.

2. **Espacios para la Conexión Humana**: Dedica tiempo en reuniones para hablar de temas personales o del bienestar general del equipo.

3. **Reconocimiento y Apoyo**: Agradece los logros y ofrece ayuda en momentos de dificultad, incluso a través de pequeños gestos, como mensajes personalizados.

8.3 Comunicación Clara y Empática

La claridad y la empatía son esenciales para evitar malentendidos y fomentar un entorno de confianza. En la comunicación digital, donde las palabras pueden ser malinterpretadas, es importante adoptar un estilo de comunicación que sea:

- **Claro y directo**: Evita jergas y sé preciso en tus mensajes.
- **Cordial y respetuoso**: Usa un tono positivo, incluso al dar retroalimentación.
- **Empático**: Considera el contexto de la otra persona antes de responder o tomar decisiones.
-

Ejemplo práctico:
En lugar de escribir:
"Necesitamos resultados inmediatos, ya vamos tarde."
Escribe:
"Sé que hemos enfrentado retrasos, pero confío en que juntos podemos lograr los resultados que necesitamos. ¿Cómo puedo ayudarte a avanzar?"

8.4 Gestión de Conflictos en Equipos Remotos

Los conflictos en equipos virtuales pueden intensificarse debido a la falta de interacción física. Por ello, los líderes deben actuar rápidamente para resolver problemas antes de que se conviertan en barreras para la colaboración.

Pasos para gestionar conflictos en entornos digitales:

1. **Identifica el problema central**: Escucha todas las versiones de la situación antes de emitir un juicio.

2. **Fomenta el diálogo constructivo**: Utiliza plataformas de videollamadas para discutir el problema en tiempo real, siempre que sea posible.

3. **Define soluciones conjuntas**: Involucra a las partes afectadas en la búsqueda de acuerdos y compromisos.

4. **Establece reglas claras**: Asegúrate de que todos comprendan las expectativas para evitar futuros malentendidos.

8.5 Construyendo Relaciones Digitales Duraderas

Aunque el contacto físico es limitado, los líderes pueden crear conexiones significativas en entornos virtuales. Esto no solo fortalece la cohesión del equipo, sino que también fomenta la confianza y el compromiso.

Consejos prácticos:

- **Sé consistente**: Mantén una comunicación regular y estructurada.
- **Haz el esfuerzo personal**: Recuerda pequeños detalles sobre los miembros del equipo, como cumpleaños o logros personales.
- **Humaniza tu liderazgo**: Comparte tus propias experiencias y desafíos para mostrar vulnerabilidad y generar empatía.

8.6 Casos de Éxito: Liderando con Inteligencia Emocional Digital

Incluye ejemplos de líderes que han implementado estrategias de inteligencia emocional en entornos digitales, destacando cómo lograron mejorar la productividad, la cohesión del equipo y el bienestar general.

Conclusión del Capítulo 8: Inteligencia Emocional Digital

La inteligencia emocional digital representa un cambio transformador en la forma de liderar y conectarse con los demás en un mundo virtual. Este nuevo paradigma no se limita a trasladar habilidades emocionales tradicionales al entorno digital, sino que exige una evolución en cómo interpretamos, respondemos y cultivamos relaciones en un ecosistema tecnológico.

En el núcleo de esta habilidad está la capacidad de ser consciente de las propias emociones mientras se navega en entornos digitales complejos. Al desarrollar la autoconciencia, los líderes no solo gestionan mejor sus propias reacciones emocionales, sino que también pueden crear un entorno de confianza y apoyo para sus equipos.

Asimismo, la empatía virtual ha demostrado ser un puente poderoso para superar la desconexión que a veces acompaña a las interacciones digitales. Al esforzarse por comprender y validar las experiencias de los demás, los líderes pueden construir relaciones auténticas y significativas, incluso sin contacto físico.

La comunicación clara y empática es el pegamento que mantiene unido a un equipo digital. Cuando los líderes adoptan un enfoque consciente al transmitir mensajes y al dar retroalimentación, no solo minimizan malentendidos, sino que también inspiran confianza y respeto.

Finalmente, la gestión eficaz de conflictos y la construcción de relaciones digitales duraderas son habilidades esenciales en un entorno donde los equipos son cada vez más diversos y distribuidos. Estos desafíos ofrecen la oportunidad de innovar en cómo lideramos, utilizando las herramientas tecnológicas no solo para colaborar, sino para fomentar un sentido de comunidad y pertenencia.

Al adoptar la inteligencia emocional digital, los líderes no solo se adaptan al presente, sino que también se posicionan como referentes en un futuro cada vez más digitalizado. La combinación de empatía, habilidades interpersonales y dominio de las herramientas tecnológicas crea un modelo de liderazgo resiliente y humano que inspira confianza y motiva a los equipos a alcanzar su máximo potencial.

En última instancia, la inteligencia emocional digital no es una meta estática, sino un viaje continuo hacia un liderazgo más consciente, empático y efectivo en un mundo en constante evolución. **Es el camino hacia un liderazgo que no solo entiende la tecnología, sino que también valora profundamente a las personas detrás de ella.**

Conclusión: El Futuro del Liderazgo

El Líder Digital: Más que una Habilidad, una Mentalidad.

El liderazgo digital no se limita al uso de herramientas tecnológicas; es una mentalidad que aboga por la **adaptabilidad**, la **visión clara** y la **colaboración**. El líder del futuro debe ser capaz de navegar en un mundo lleno de incertidumbres y cambios continuos. La **adaptabilidad** será clave para enfrentar los desafíos que presentan nuevas tecnologías, modelos de negocio emergentes y mercados en constante cambio. **La visión**, por otro lado, permitirá que el líder digital vea más allá de los horizontes actuales, identificando oportunidades para transformar y crear valor a través de la tecnología.

Además, la **colaboración** será fundamental. La digitalización ha derribado las barreras físicas y geográficas, lo que ha permitido la creación de equipos globales y multidisciplinarios. Los líderes deben ser capaces de fomentar un ambiente de trabajo donde la cooperación entre individuos de diferentes culturas, antecedentes y disciplinas sea la norma, no la excepción.

El Futuro del Aprendizaje: Formación Permanente como Pilar del Éxito.

En un mundo donde las habilidades se vuelven obsoletas rápidamente, la educación continua y el aprendizaje a lo largo de la vida son esenciales. El líder del futuro debe comprender que la formación no es un proceso puntual, sino una estrategia constante para mantenerse relevante y actualizado. Las **plataformas de aprendizaje digital** y las **herramientas de desarrollo personal** jugarán un papel esencial en la formación de este nuevo tipo de líder, permitiéndole acceder a recursos educativos de forma flexible, accesible y adaptada a sus necesidades.

El liderazgo del futuro debe ser un **líder de aprendizaje**, capaz de adaptarse y evolucionar de acuerdo con las nuevas realidades. En lugar de centrarse exclusivamente en las habilidades técnicas, los líderes deben invertir en el desarrollo de habilidades blandas, como la empatía, la inteligencia emocional y la toma de decisiones éticas. Estas cualidades se volverán cada vez más valiosas en un mundo cada vez más automatizado y digitalizado.

El Rol de la Diversidad en el Liderazgo Futuro

Uno de los mayores retos y oportunidades que los líderes del futuro enfrentarán es la **diversidad**. Un entorno diverso no solo fomenta la inclusión y la equidad, sino que también impulsa la **creatividad** y la **innovación**. Los equipos diversos son más capaces de abordar problemas complejos desde diferentes perspectivas, generando soluciones más completas y disruptivas. La diversidad no debe ser vista como un **objetivo superficial**, sino como una **estrategia** que se integra profundamente en la cultura organizacional.

Los líderes deben ser defensores de la inclusión, promoviendo un entorno donde todas las voces sean escuchadas y donde las diferencias se vean como una fuente de fortaleza. Este enfoque no solo beneficia a la organización, sino que también fortalece la sociedad en su conjunto. Las empresas que fomenten la diversidad estarán mejor posicionadas para enfrentar los desafíos globales y para aprovechar las oportunidades que la globalización y la digitalización ofrecen.

Innovación y Transformación Continua: Claves para la Sostenibilidad del Liderazgo

La innovación no es solo un valor adicional; es una **necesidad** para cualquier líder en el futuro. Los líderes deben ser **agentes de cambio**, fomentando la innovación en todos los niveles de la organización, desde el desarrollo de productos hasta la cultura interna. La capacidad para **gestionar la transformación continua** será un aspecto definitorio del liderazgo en el futuro, ya que las empresas que no se adapten quedarán atrás.

Este proceso de innovación constante debe ir acompañado de una mentalidad que valore la experimentación, la toma de riesgos calculados y el aprendizaje de los fracasos. El líder del futuro debe inspirar a su equipo a no temer al error, sino a verlo como una oportunidad para crecer y mejorar. Además, la capacidad para gestionar la **resiliencia organizacional** será vital para superar los retos que inevitablemente surgirán.

El Liderazgo como Responsabilidad Global

Finalmente, el liderazgo del futuro estará cada vez más vinculado a la **responsabilidad global**. En un mundo donde los problemas globales, como el cambio climático, la pobreza, la inequidad y los conflictos, afectan a todas las esferas de la vida, los líderes deberán desempeñar un papel activo en la creación de soluciones sostenibles y en la promoción de un **liderazgo ético**. Este tipo de liderazgo no solo buscará maximizar las ganancias económicas, sino también mejorar la vida de las personas y proteger el medio ambiente.

Los líderes del futuro deberán ser conscientes de la interconexión global y de su impacto en el bienestar colectivo. La tecnología puede ser una herramienta poderosa para abordar estos desafíos globales, pero su uso debe ser guiado por principios éticos sólidos y una visión que vaya más allá del beneficio inmediato.

Conclusión Final: **La Era Dorada del Liderazgo Digital.**

El futuro del liderazgo está indudablemente marcado por la digitalización, la innovación y la diversidad. Los líderes que sepan adaptarse a este nuevo entorno, utilizando la tecnología para potenciar sus habilidades y fomentar una cultura inclusiva y de colaboración, estarán mejor preparados para enfrentar los desafíos del futuro. La clave no radica solo en liderar en el contexto actual, sino en prepararse para un mundo en constante cambio, donde el **aprendizaje continuo**, la **creatividad**, la **empatía** y la **responsabilidad global** se convierten en los pilares fundamentales del éxito.

Este es un llamado a todos aquellos que desean liderar en la era digital: el liderazgo no es un destino, sino un viaje continuo. Un viaje que requiere perseverancia, visión, adaptabilidad y un compromiso con la mejora constante. Al comprender y abrazar las herramientas que la tecnología ofrece, los líderes del futuro no solo podrán transformar sus organizaciones, sino también contribuir a un mundo más justo, inclusivo y sostenible.

"El liderazgo del futuro no será medido solo por lo que logren las organizaciones, sino por el impacto positivo que generen en el mundo que nos rodea."

Este es el futuro del liderazgo:

Un futuro lleno de oportunidades, retos y, sobre todo, **cambios profundos que todos podemos abrazar y, juntos, liderar hacia un mañana mejor**.

F I N

GRACIAS

CONTINUARA…

www.ingramcontent.com/pod-product-compliance
Lightning Source LLC
Chambersburg PA
CBHW070203230526
45471CB00002B/805